Claude
Troisgros

jantares do
QUE
marravilha!
gnt
GLOBOestilo

João Batista Barbosa,
paraibano, veio morar no
Rio de Janeiro há muitos anos
e se dedicou à culinária com
amor e muita paixão.
BATIIIIISTA, como é chamado
com muito "carrinho", faz parte
da minha vida no Brasil desde
o início e quero dedicar este
livro a ele, o meu parceiro fiel,
que cozinha como ninguém...

Obrigado, amigo!

Menu Para comemorar uma data especial

Menu 1

Menu 2

Menu Para receber os amigos

Menu 1

Menu 2

Menu Para todo mundo botar a mão na massa

Menu Para um momento romântico

Menu Para quem é vegetariano

Menu Para impressionar alguém

Menu Para reunir a família

Introdução

Eu adoro receber na minha casa, definir o menu, ir às compras, preparar as receitas, cozinhar sem pressa e sem a pressão da perfeição.

Adoro escolher as receitas que combinam com meus convidados, harmonizando não só comida e vinho, mas também a personalidade de cada um.

Esse é o segredo de saber receber.

Muitas vezes temos dúvidas, incertezas, falta de confiança para receber em nossa casa. Afinal, não é tão fácil assim organizar e formatar um menu para amigos, família, namorada ou um jantar de negócios.

Não é fácil assumir o fogão e as panelas e tentar preparar um jantar perfeito.

Este novo livro, *Jantares do Que marravilha!,* vai ajudar você.

Dividido em temas e menus, ele vai facilitar a sua vida e ajudar a receber de uma maneira fácil, elegante e rápida:

Menus para comemorar e marcar um momento que nunca mais será esquecido.
Menus para impressionar e se lembrar desse momento como único.
Menus para receber amigos, fazer valer a festa, a alegria e a diversão.
Menus para reunir a família e preparar receitas com carinho, amor e paixão.
Menus para todo mundo botar a mão na massa, se divertir, beber e cozinhar.
Menus românticos que podem ajudar, mas aí... cada um de nós sabe o que fazer.
E menus vegetarianos, pensando mais na saúde.

Agora, é só criar coragem, preparar as facas e panelas e aproveitar esses momentos que fazem a vida valer a pena!

Chef Claude Troisgros

Menu Para comemorar uma data especial

Bacalhau imperial com batata e tapenade

INGREDIENTES

PARA O BACALHAU

- 600 g de bacalhau imperial sem espinha
- 500 ml de leite
- 500 ml de água
- 1 cabeça de alho cortada ao meio
- tomilho, louro, alecrim

PARA A BATATA

- 3 batatas grandes (para que rendam 750 g de purê)
- 100 ml da água do cozimento do bacalhau
- 150 ml de leite
- 1 colher (sopa) de manteiga derretida
- sal e pimenta-do-reino

PARA A TAPENADE

- 200 g de azeitonas pretas picadas
- 2 colheres (sopa) de alho picado
- 1 pimenta dedo-de-moça
- 4 colheres de azeite extravirgem
- sal
- suco de ½ limão

NA HORA DE SERVIR

- azeite de trufas brancas (opcional)

PORÇÃO 4 pessoas

MODO DE FAZER

BACALHAU

Ferva a água com o leite e junte o alho e as ervas. Coloque o bacalhau imperial na panela e desligue o fogo. Tampe e deixe descansar por 12 a 15 minutos. Retire da panela e parta o bacalhau em lascas.

BATATA

Coloque a batata com casca em papel-alumínio no forno. Descasque-a e faça o purê com a batata ainda quente. Acrescente a água do cozimento do bacalhau, ainda quente, o leite fervente e a manteiga derretida. Tempere com sal e pimenta-do-reino. Bata no liquidificador para o purê ficar bem homogêneo.

TAPENADE

Misture todos os ingredientes.

SERVIR

Coloque o purê de batata em um prato fundo. Cubra com as lascas de bacalhau quente. Salpique a tapenade e finalize com o azeite de trufas brancas.

Dicas

- Para a textura ficar bem lisa e cremosa, bata bem o purê no liquidificador.
- O bacalhau não pode levantar fervura. Caso contrário, ele ficará endurecido e ressecado.

Filé-mignon em crosta de ervas com cogumelo

INGREDIENTES

PARA A CROSTA DE ERVAS

- 120 g de manteiga
- 2 dentes de alho picados
- 150 g de farinha de rosca
- 100 g de parmesão ralado
- salsa, cebolinha francesa, tomilho, alecrim e coentro picados
- sal e pimenta-do-reino

PARA O FILÉ-MIGNON

- 800 g de filé-mignon limpo
- 4 dentes de alho amassados com casca
- tomilho, louro e alecrim
- sal e pimenta-do-reino
- 2 colheres (sopa) de azeite

PARA O COGUMELO

- 8 cogumelos-de-paris gigantes
- 1 colher (sopa) de azeite
- sal e pimenta-do-reino

PARA O MOLHO

- 1 kg de cogumelos-de-paris frescos
- 500 ml de creme de leite fresco
- sal e pimenta-do-reino

PARA O RECHEIO

- 5 g de farinha de trigo
- 250 ml de creme de leite
- 2 colheres (sopa) de manteiga
- 2 dentes de alho picados
- 2 colheres (sopa) de cebola roxa picada
- 1 colher de pimenta dedo-de-moça picada
- 60 ml de vinho do Porto tinto
- 200 g de parmesão ralado
- sal e pimenta-do-reino

PORÇÃO 4 pessoas

MODO DE FAZER

CROSTA DE ERVAS

Misture todos os ingredientes.

FILÉ-MIGNON

Tempere o filé-mignon. Marine-o por 20 minutos no azeite, junto com o alho na casca e as ervas. Frite a carne de todos os lados em uma panela de ferro. Retire-a e asse por 10 minutos em forno a 200°C. Corte a carne em pedaços de 200 g. Cubra com a crosta de ervas e leve ao forno para gratinar.

COGUMELO

Limpe os cogumelos gigantes com um pano molhado. Retire os talos e reserve. Limpe a parte preta interna com uma colher de café. Frite os cogumelos de um lado só em azeite bem quente. Tempere com sal e pimenta-do-reino.

MOLHO

Pique os talos dos cogumelos-de-paris gigantes e os cogumelos frescos. Coloque-os em uma panela tampada e deixe cozinhar por 10 minutos. Depois, ponha os cogumelos em um pano para retirar toda a água. Reserve essa mistura de cogumelos. Reduza quase totalmente a água até formar um xarope preto. Coloque o creme de leite e deixe reduzir até engrossar. Verifique o tempero.

RECHEIO

Puxe na manteiga o alho, a cebola e a pimenta dedo-de-moça. Flambe com o vinho do Porto. Junte a mistura de cogumelos reservada. Coloque a farinha e misture bem. Acrescente o creme de leite e deixe ferver até engrossar, formando um purê. Verifique os temperos e deixe esfriar. Recheie os cogumelos gigantes com esse purê. Asse no forno a 180°C por 10 minutos. Depois, junte os cogumelos um no outro, cubra um dos lados com parmesão ralado e leve ao forno somente para gratinar.

SERVIR

Regue o prato com o molho antes de colocar o filé-mignon e os cogumelos gratinados.

DICAS

- O filé-mignon deve estar sempre ao ponto, mais para malpassado. Controle bem a temperatura do forno para não deixar que a carne resseque e perca o sabor.
- No recheio dos cogumelos, o vinho do Porto pode ser substituído por cachaça, se você preferir.

Harmonização

O sabor e o aroma do cogumelo são sempre muito intensos, e também podem ser apreciados quando se toma vinho. Para isso, você precisa de vinhos com alguma evolução na garrafa.

Sugestão: Pinot Noir, da Borgonha (safras com mais de cinco anos).

Filé-mignon em crosta de ervas com cogumelo

Maracujá surprise

INGREDIENTES

PARA O CREME DE MARACUJÁ

- 12 gemas
- 25 g de farinha de trigo
- 350 ml de suco de maracujá fresco
- 400 ml de creme de leite
- 250 g de açúcar
- 250 ml de água

NA HORA DE SERVIR

- biscoito de polvilho doce
- amendoim caramelizado

PORÇÃO 6 pessoas

MODO DE FAZER

Corte os maracujás ao meio, retire a polpa, peneire o suco e reserve a casca. São necessários 350 ml de suco. Misture as gemas e o açúcar e bata até ficar quase branco. Acrescente a farinha de trigo. Ferva o suco com a água e o creme de leite. Bata bem e despeje sobre as gemas. Coloque no fogo por alguns minutos e bata energicamente para não grudar no fundo da panela. Encha as cascas com o creme. Deixe na geladeira por 2 horas.

SERVIR

Cubra o creme de maracujá com a mistura de biscoito de polvilho e amendoim caramelizado.

DICA

- É importante deixar o creme de maracujá cozinhar bem antes de rechear as cascas, para evitar gosto de farinha de trigo crua.

Frozen gazpacho com queijo de cabra

INGREDIENTES

PARA O GAZPACHO

- 500 g de tomate
- 2 dentes de alho
- 2 pimentões verdes
- ½ pepino
- ¼ de cebola
- 1 colher (sopa) de vinagre de vinho branco
- 1 colher (sopa) de tomate concentrado
- salsa picada
- sal e pimenta-do-reino

PARA OS LEGUMES

- 2 abobrinhas
- 2 berinjelas
- 2 cebolas
- sal e pimenta-do-reino

NA HORA DE SERVIR

- 400 g de queijo de cabra Saint Maure
- azeite extravirgem
- folhas de manjericão

PORÇÃO 8 pessoas

MODO DE FAZER

GAZPACHO

Corte em cubos todos os ingredientes e misture-os. Deixe marinar por 4 horas. Depois, bata tudo no liquidificador. Verifique o tempero e coloque nas fôrmas. Leve para congelar.

LEGUMES

Corte as abobrinhas e as berinjelas em fatias finas e longas. Corte a cebola em rodelas. Puxe todos os legumes no azeite. Tempere com sal e pimenta-do-reino.

SERVIR

Coloque o gazpacho congelado no prato. Arrume as fatias de legumes sobre o gazpacho e intercale com pedaços de queijo de cabra. Finalize com azeite e folhas de manjericão.

Dicas

- Não deixe os legumes cozinharem demais. Prefira que fiquem *al dente*.
- Deixe o gazpacho descongelar por 5 minutos no prato antes de servi-lo.

Filé de pargo em roupa de taioba com shimeji

INGREDIENTES

PARA O PARGO
- 4 filés de pargo de 180 g cada
- 4 folhas de taioba
- 150 ml de vinho branco
- sal, pimenta-do-reino e páprica
- 2 colheres (sopa) de azeite extravirgem

PARA O SHIMEJI
- 400 g de shimeji
- 1 colher (sopa) de azeite extravirgem
- 2 dentes de alho picados
- sal e pimenta-do-reino

PARA O MOLHO
- 2 folhas de taioba cortadas à julienne
- 150 ml de vinho branco
- 150 ml de dry martíni
- 300 ml de creme de leite
- 3 colheres (sopa) de cebola roxa picada
- suco de limão-siciliano
- sal e pimenta-do-reino

NA HORA DE SERVIR
- batata palha

PORÇÃO 4 pessoas

MODO DE FAZER

PARGO

Retire a pele do pargo e tempere-o com sal, páprica, pimenta-do-reino e azeite. Enrole o peixe na folha de taioba, como se fosse fazer um pacotinho. Coloque em um tabuleiro. Regue com vinho branco. Asse por 10 minutos em forno a 180°C.

SHIMEJI

Limpe os shimejis. Frite-os no azeite bem quente. Tempere com alho, sal e pimenta-do-reino.

MOLHO

Reduza o vinho branco e o dry martíni com a cebola. Coloque o creme de leite e deixe ferver. Junte a taioba e cozinhe até levantar fervura. Bata no liquidificador. Tempere com sal, pimenta-do-reino e o suco de limão-siciliano.

SERVIR

Coloque o peixe no prato. Regue com o molho. Disponha os shimejis e a batata palha sobre o pargo.

Dicas

- Para os shimejis não murcharem, frite-os muito rapidamente no azeite bem quente.
- Se você quiser que o molho tenha muita personalidade, é importante reduzi-lo bem, deixando-o quase "seco".

Harmonização

A taioba no molho e a própria folha envolvendo o filé dão um sabor vegetal acentuado à receita. Vinhos com muitas notas de frutas tropicais e notas florais ajudarão a renovar o paladar.
Sugestão: Torrontés, de Salta, na Argentina.

Gateau fondant de doce de leite

INGREDIENTES

PARA O GATEAU

- 200 g de doce de leite
- 40 g de farinha de trigo peneirada
- 2 ovos
- 100 g de manteiga
- 60 g de açúcar
- uma pitada de sal

NA HORA DE SERVIR

- açúcar de confeiteiro

PORÇÃO 4 pessoas

MODO DE FAZER

Derreta o doce de leite na manteiga. Coloque a mistura na batedeira, adicione o açúcar e bata até ficar cremoso. Ponha os ovos e o sal. Misture a farinha devagar com uma espátula. Encha as fôrmas já amanteigadas e polvilhadas com farinha de trigo. Guarde no freezer. Asse congelado em forno a 220°C por 8 minutos. Deixe descansar por 5 minutos antes de servir.

SERVIR

Desenforme o gateau. Polvilhe o açúcar de confeiteiro. Sirva com sorvete de tapioca ou de creme.

DICAS

- Você pode assar o gateau fondant com antecedência e depois guardá-lo na geladeira.
- Quando decidir servir a sobremesa, retire-a da geladeira com 1 hora de antecedência e coloque-a por 5 segundos no micro-ondas.

Claude Troisgros

Menu Para receber os amigos

Terrine de polvo com batata crocante

INGREDIENTES

PARA O POLVO
- 1 polvo de 2,5 kg
- 1 cenoura cortada em cubos
- 2 talos de aipo cortados em cubos
- 2 colheres (sopa) de tomate concentrado
- 1 cebola cortada em cubos
- 1 cabeça de alho cortada ao meio
- 1 bouquet garni (tomilho, louro e salsa)
- 250 ml de vinho branco
- 100 g de sal grosso
- água para cobrir

PARA O MOLHO
- 300 ml do molho de cozimento do polvo
- 100 ml de azeite extravirgem
- pimenta-malagueta seca
- salsa picada
- sal

PARA A BATATA CROCANTE
- 4 batatas
- 500 ml de azeite extravirgem
- 500 ml de óleo de soja

NA HORA DE SERVIR
- minirrúcula
- azeite extravirgem

MODO DE FAZER

POLVO

Cubra o polvo com sal grosso e deixe-o suar por 10 minutos. Lave bem depois. Refogue o alho, a cebola, a cenoura e o aipo no azeite. Acrescente o tomate concentrado e o *bouquet garni*. Junte o polvo. Ponha um pouco de água e vinho branco. Deixe cozinhar por 2 horas nesse caldo ou por 15 a 20 minutos na panela de pressão. Retire o polvo do caldo, deixe esfriar um pouco e corte em tentáculos longos.

TERRINE

Disponha os tentáculos do polvo em uma terrine e aperte bem. Coloque na geladeira por 12 horas com muito peso sobre o polvo. No dia seguinte, desenforme.

MOLHO

Reduza o molho de cozimento do polvo à metade. Peneire. Coloque o azeite, a pimenta-malagueta, a salsa picada e o sal.

BATATA CROCANTE

Corte as batatas na mandolina em tiras. Depois, deixe por 30 minutos em água com gelo. Seque. Coloque o azeite e o óleo para esquentar em uma panela e frite a batata até começar a corar. Frite a batata uma segunda vez para ficar dourada e crocante. Escorra em papel absorvente e tempere com sal.

PORÇÃO 8 pessoas

DICA

- É muito difícil cortar a terrine sem que ela quebre. Para evitar isso, use uma faca elétrica.

SERVIR

Disponha a batata no centro do prato. Corte a terrine em fatias e coloque-as sobre a batata. Pincele com azeite. Regue o prato com algumas gotas de molho. Decore com a minirrúcula.

Fettuccine de costela de vitela com laranja

INGREDIENTES

PARA A COSTELA DE VITELA

- 4 costelas de vitela de 250 g cada
- sal e pimenta-do-reino

PARA O MOLHO

- 100 ml de Grand Marnier
- 400 ml de suco de laranja
- 6 cogumelos-de-paris frescos fatiados
- 300 ml de creme de leite
- 2 colheres (sopa) de cebola roxa picada
- 1 colher (sopa) de alho picado
- sal e pimenta-do-reino

PARA O FETTUCCINE

- 200 g de fettuccine cozidos al dente
- 1 colher (sopa) de manteiga
- sal e pimenta-do-reino

NA HORA DE SERVIR

- 2 laranjas em gomos
- grãos de pimenta verde
- minicrvas

PORÇÃO 4 pessoas

MODO DE FAZER

COSTELA DE VITELA

Tempere as costelas com sal e pimenta-do-reino. Sele todos os lados da carne no azeite. Asse em forno a 200°C por 8 a 12 minutos. Deixe a carne repousar até servir.

MOLHO

Na mesma frigideira da vitela, deixe o alho e a cebola suarem no azeite. Flambe com Grand Marnier. Faça um *déglacer* na frigideira com suco de laranja. Deixe ferver. Junte os cogumelos fatiados ao molho, cozinhe e depois retire. Reserve os cogumelos. Reduza o molho, deixando-o quase seco, acrescente o creme de leite e deixe ferver até engrossar. Verifique o tempero e coloque os cogumelos de volta no molho.

FETTUCCINE

Puxe a massa na manteiga e tempere.

SERVIR

Espalhe o fettuccine no prato. Corte as costelas de vitela em fatias finas e disponha-as sobre a massa. Regue com o molho. Decore com os gomos de laranja, os grãos de pimenta verde e as miniervas.

Dica

- Se não encontrar vitela de boa qualidade, substitua por costela de porco ou peito de frango orgânico.

Harmonização

Este corte de vitela é bem macio, com textura firme e gordurosa. Um bom vinho tinto encorpado vai realçar a textura e o sabor da carne, e um bom teor alcoólico minimiza a percepção dessa gordura.

Sugestão: Shiraz, da Austrália ou do Vale do Rhône, na França.

Fettuccine de costela de vitela com laranja

Cheesecake cremoso de goiaba

INGREDIENTES

PARA A MASSA

- 160 g de biscoito maisena
- 80 g de manteiga amolecida
- 80 g de açúcar
- ½ colher (chá) de canela
- uma pitada de sal

PARA O CHEESECAKE

- 600 g de cream cheese
- 220 g de creme de leite fresco
- 120 g de açúcar
- 3 ovos

PARA A CALDA DE GOIABA

- 500 g de goiaba vermelha madura
- 200 g de açúcar
- suco de 1 limão

NA HORA DE SERVIR

- 2 goiabas vermelhas
- açúcar de confeiteiro
- folhas de hortelã

PORÇÃO 8 a 10 pessoas

MODO DE FAZER

MASSA

Misture todos os ingredientes com as mãos e amasse bem. Forre o fundo de uma fôrma de aro removível com a massa de biscoito. Guarde por 1 hora na geladeira.

CHEESECAKE

Bata o cream cheese na batedeira até ficar bem macio. Adicione o creme de leite e, aos poucos, o açúcar, batendo em velocidade baixa. Acrescente os ovos e bata até incorporar. Despeje o creme de cheesecake na fôrma já forrada com a massa. Asse a 100°C por 1h30. Deixe esfriar e leve à geladeira.

CALDA DE GOIABA

Descasque a goiaba e fatie. Leve todos os ingredientes ao fogo brando, misturando sempre. Deixe cozinhar até adquirir uma consistência pastosa. Espere esfriar e bata no liquidificador. Peneire.

SERVIR

Decore o cheesecake com as fatias de goiaba. Coloque a calda no centro. Decore com a hortelã e polvilhe o açúcar de confeiteiro.

Dica

- Depois de 1h30 de cozimento, o cheesecake pode parecer ainda cru. Mas o creme já está pronto, e só vai endurecer na geladeira.

Tartare de salmão e musse de haddock

INGREDIENTES

PARA O TARTARE

- 400 g de salmão fresco
- 40 ml de azeite
- 2 colheres (sopa) de cebolinha francesa picada
- sal e pimenta-do-reino

PARA A MUSSE DE HADDOCK

- 250 g de haddock defumado
- 50 g de catupiry
- 100 ml de creme de leite fresco
- sal

NA HORA DE SERVIR

- ovas de salmão
- pimenta biquinho

PORÇÃO 4 pessoas

MODO DE FAZER

TARTARE

Corte o salmão em cubinhos. Tempere com sal, pimenta-do-reino, cebolinha francesa e azeite. Guarde na geladeira por, no mínimo, 1 hora.

MUSSE DE HADDOCK

Bata o haddock no processador de alimentos com o catupiry. Peneire e tempere com sal. Acrescente o creme de leite batido em ponto de chantili.

SERVIR

Coloque o tartare de salmão no copo de dry martíni. Cubra com a musse de haddock e, por cima, as ovas de salmão. Decore com a pimenta biquinho.

DICAS

- Por ser um tartare, o salmão precisa estar muito fresco. Tenha um fornecedor de confiança.
- Você pode substituir o salmão por atum, dourado ou pargo.

Paella do Claude

INGREDIENTES

PARA O CALDO

- 20 mexilhões bem frescos (opcional)
- 10 camarões VG (verdadeiramente grandes)
- 10 lagostins com cabeça e casca (opcional)
- 1 cabeça de cherne cortada em pedaços
- 1 polvo pequeno
- 1 cenoura em cubos
- 1 cebola em cubos
- 1 talo de aipo em cubos
- 1 pimenta dedo-de-moça fatiada
- 2 dentes de alho amassados
- 150 g de sal grosso
- 1 bouquet garni
- 100 ml de vinho branco seco
- 2 litros de água
- 6 g de açafrão espanhol em estigma

PARA A PAELLA

- 300 g de lombo de porco em cubos
- 300 g de peito de frango em cubos
- 300 g de coelho em cubos (opcional)
- 300 g de chorizo espanhol (preferencialmente apimentado) em rodelas
- 150 g de bacon defumado
- 10 camarões VG do caldo descascados e cortados ao meio
- 300 g de lulas em rodelas
- 300 g de filé de cherne em cubos
- polvo cozido e cortado em cubos
- 150 g de azeitonas verdes
- 150 g de azeitonas pretas
- 500 g de arroz para paella ou arroz parabolizado
- 200 g de ervilha fresca, se possível
- 1 cebola picada
- 4 dentes de alho picados
- salsa picada
- sal e pimenta-do-reino

NA HORA DE SERVIR

- 10 camarões VG com cabeças
- mexilhões cozidos dentro da casca
- azeite extravirgem
- limão-siciliano
- coração de palmito pupunha fatiado

PORÇÃO 10 pessoas

MODO DE FAZER

CALDO

Marine o polvo por 10 minutos no sal grosso. Depois, lave bem. Descasque os camarões. Coloque os mexilhões em uma panela, junte o vinho branco, tampe e deixe os mexilhões abrirem (10 minutos). Retire-os e reserve. Coloque o polvo na panela de pressão e junte a cebola, a cenoura, o aipo, o alho, a pimenta dedo-de-moça e o *bouquet garni*. Cubra com o caldo de mexilhões e complete com água, tampe e cozinhe por 15 a 20 minutos. Abra a panela e retire o polvo. Deixe esfriar. Acrescente a cabeça de peixe e as cabeças dos camarões e ferva por 20 minutos. Peneire o caldo, junte os lagostins e cozinhe por 5 minutos. Retire. Adicione o açafrão e reserve.

PAELLA

Aqueça a paelleira com azeite e frite o bacon. Não esqueça de retirá-lo depois. Tempere todas as carnes com sal e pimenta-do-reino e deixe corar na gordura do bacon nesta ordem: chorizo, lombinho, coelho e frango. Retire as carnes da paelleira. Tempere os peixes e os frutos do mar com sal e pimenta-do-reino. Na mesma paelleira, core os peixes e os frutos do mar nesta ordem: camarões, polvo, lula e peixe. Junte as carnes, coloque a cebola e o alho. Deixe suar. Adicione o arroz e misture. Cubra com o caldo e mexa bem. Deixe cozinhar por 10 minutos na paelleira coberta com papel-alumínio. Junte as azeitonas, as ervilhas e a salsa. Misture bem. Disponha sobre a paella os camarões com cabeça e os lagostins cozidos. Tampe com papel-alumínio e cozinhe por 10 minutos sem mexer.

SERVIR

Retire o papel-alumínio, decore com os mexilhões na casca e o palmito. Regue com azeite e gotas de limão. Sirva imediatamente.

Dicas

- Não deixe passar do ponto. Vinte minutos de cozimento são suficientes para o arroz ficar *al dente*.
- Para uma paella mais saborosa, prefira sempre uma paelleira de ferro.

Harmonização

Preparar uma paella é escolher um prato de tradição espanhola. Por esse motivo, a harmonização por localidade é a primeira opção, com brancos de médio corpo, frutados e extremamente secos.

Sugestão: Albariño e Verdejo, da Espanha.

Paella do Claude

Crème brûlée e telha de amêndoa

INGREDIENTES

PARA O CRÈME BRÛLÉE

- 12 gemas
- 750 ml de creme de leite morno
- 70 g de açúcar
- 2 favas de baunilha
- 100 g de açúcar, para caramelizar

PARA A TELHA DE AMÊNDOA

- 125 g de amêndoas moída
- 125 g de açúcar
- 90 g de manteiga derretida
- 60 g de farinha de trigo
- 2 claras
- uma pitada de sal

PORÇÃO 6 a 8 pessoas

MODO DE FAZER

CRÈME BRÛLÉE

Bata bem o açúcar com as gemas. Ferva o creme de leite com a fava de baunilha, junte às gemas e misture bem. Retire a espuma e coloque em fôrmas de porcelana individuais. Cozinhe em banho-maria por 30 minutos em forno a 120°C. Deixe esfriar e leve à geladeira por, no mínimo, 3 horas. Cubra com açúcar e caramelize com maçarico antes de servir.

TELHA DE AMÊNDOA

Misture a amêndoa moída, o açúcar e a manteiga derretida. Acrescente a farinha, as claras e o sal. Abra um círculo de massa sobre uma folha antiaderente ou em papel-manteiga. Asse a 180°C por 12 minutos até dourar.

SERVIR

Sirva a telha de amêndoa junto com o crème brûlée.

Dicas

- Caramelize o crème brûlée duas vezes. Ele ficará mais crocante.
- Depois de 30 minutos de cozimento, o creme pode parecer ainda líquido. Mas ele vai endurecer na geladeira.

Menu Para todo mundo botar a mão na massa

Risoto nero de lula

INGREDIENTES

PARA A LULA
- 800 g de lula grande limpa
- 2 colheres (sopa) de tomate concentrado
- 220 ml de vinho branco seco
- 250 ml de água
- 1 bouquet garni
- 1 cebola picada
- 2 dentes de alho picados
- pimenta dedo-de-moça
- sal

PARA O RISO NERO
- 2 colheres (sopa) de azeite
- 250 g de riso nero
- 1,5 litro de água
- sal

PORÇÃO 4 pessoas

PARA O RISOTO
- riso nero cozido
- 2 colheres (sopa) de manteiga
- creme de leite a gosto
- 3 tomates sem pele e sem sementes cortados em cubos
- 30 ml de cachaça envelhecida
- caldo da lula
- ½ cebola picada
- 2 dentes de alho picados
- 100 g de parmesão ralado
- 50 g de uva-passa preta
- sal e pimenta-do-reino

NA HORA DE SERVIR
- gotas de limão (opcional)
- azeite extravirgem
- parmesão em lascas
- azeitonas pretas sem caroço
- ramos de alecrim

DICA
- Para ter um risoto mais encorpado e personalizado, substitua a água pelo caldo do cozimento da lula na hora de cozinhar o riso nero.

MODO DE FAZER

LULA

Refogue a cebola, o alho e a pimenta dedo-de-moça no azeite. Coloque as lulas e deixe refogar. Junte o tomate concentrado e o *bouquet garni*. Tempere com sal. Cubra com vinho branco e água e deixe cozinhar por 1 hora em fogo baixo. Retire as lulas, deixe esfriar e depois corte-as em rodelas.

RISO NERO

Coloque em uma panela o azeite e o arroz, e cubra com água e sal. Cozinhe por 1 hora em panela tampada em fogo baixo.

RISOTO

Refogue a cebola e o alho no azeite. Junte os tomates e refogue. Flambe com a cachaça. Coloque o arroz. Adicione um pouco do caldo de lula e deixe cozinhar por 5 minutos. Acrescente as passas, o parmesão e o creme de leite. Verifique o tempero. Junte as lulas e a manteiga e desligue o fogo.

SERVIR

Coloque o risoto no prato. Regue com azeite. Decore com lascas de parmesão e azeitonas. Finalize com um ramo de alecrim e gotas de limão, se gostar.

Risoto nero de lula

Polpetone recheado com cream cheese

INGREDIENTES

PARA A CARNE

- 700 g de alcatra moída
- 5 fatias de pão de fôrma rasgado e molhado no leite
- 1 ovo
- 200 g de cebola roxa picada
- pimenta dedo-de-moça picada
- 50 g de parmesão ralado
- 1 colher (sopa) de mostarda Dijon
- salsa picada
- sal e pimenta-do-reino

PARA O POLPETONE

- 5 fatias de muçarela
- 2 colheres (sopa) de cream cheese

PARA O MOLHO DE TOMATE

- 700 g de tomate pelado italiano
- 30 g de tomate concentrado
- 100 g de cebola picada
- 2 dentes de alho picados
- 1 colher (café) de pimenta dedo-de-moça picada
- 30 ml de mel
- 20 ml de vinagre balsâmico
- 1 bouquet garni
- sal

NA HORA DE SERVIR

- 200 g de parmesão ralado
- azeite
- sal e pimenta-do-reino

MODO DE FAZER

CARNE

Misture todos os ingredientes com as mãos até formar uma massa firme e uniforme.

POLPETONE

Bata o cream cheese. Abra a carne sobre uma folha de papel-filme. Coloque uma fatia de muçarela em cima da carne. Recheie com o cream cheese. Enrole e feche o papel-filme. Guarde na geladeira por 1 hora.

MOLHO DE TOMATE

Refogue a cebola, o alho e a pimenta dedo-de-moça no azeite. Bata o tomate pelado no liquidificador e peneire. Junte todos os ingredientes. Cozinhe por 15 a 20 minutos em fogo baixo. Tempere.

SERVIR

Desenrole os polpetones do papel-filme. Tempere e frite no azeite rapidamente. Coloque em uma travessa. Cubra com o molho de tomate e parmesão. Gratine no forno e sirva.

PORÇÃO 4 pessoas

Dica

- Se o polpetone permanecer tempo demais no forno, ele pode se abrir e deixar vazar o queijo. Perderá, assim, a surpresa e a graça.

Harmonização

A carne deste prato não é muito pesada. O ideal seria um vinho de médio corpo, considerando que o molho à base de tomate tem boa acidez, e o vinho deve ter acidez igual à do molho.

Sugestão: Chianti, ou vinhos da uva Sangiovese.

Musse de chocolate capuccino

INGREDIENTES

PARA A MUSSE

- 150 g de chocolate meio amargo em barra
- 80 g de manteiga
- 2 gemas
- 4 claras
- 25 g de açúcar

NA HORA DE SERVIR

- chantili
- café solúvel
- açúcar de confeiteiro

PORÇÃO 6 pessoas

MODO DE FAZER

MUSSE

Derreta o chocolate e a manteiga em banho-maria. Acrescente as gemas. Bata as claras em neve com o açúcar. Misture devagar o chocolate. Encha ¾ de taças de vidro ou de porcelana com o creme. Mantenha por 4 horas na geladeira antes de servir.

SERVIR

Encha as taças até a borda com chantili e alise com uma espátula. Polvilhe o café solúvel e finalize com açúcar de confeiteiro.

DICA

- Para ter uma musse macia e aveludada, retire-a da geladeira 20 minutos antes de cobrir com chantili. Depois, é só servir.

Musse de agrião e gorgonzola

INGREDIENTES

PARA A MUSSE DE AGRIÃO

- 1 maço de agrião
- 5 ovos
- 250 ml de leite
- sal e pimenta-do-reino

PARA O MOLHO

- 100 ml de creme de leite
- 200 g de queijo gorgonzola
- sal e pimenta-do-reino

NA HORA DE SERVIR

- miniagrião

PORÇÃO 4 pessoas

MODO DE FAZER

MUSSE DE AGRIÃO

Lave bem o agrião e bata-o no liquidificador com os ovos, o leite, o sal e a pimenta-do-reino. Peneire e deixe repousar por 20 minutos. Retire a espuma e encha as forminhas de alumínio previamente untadas com manteiga. Cozinhe em banho-maria no forno a 120°C por 40 minutos. Deixe esfriar e desenforme.

MOLHO

Ferva o creme de leite e, aos poucos, adicione os pedacinhos de gorgonzola. Tempere.

SERVIR

Coloque a musse no centro de um prato fundo. Regue com o molho de gorgonzola. Decore com o miniagrião temperado com azeite.

DICAS

- Bata o molho no liquidificador para que fique aveludado.
- Para você não errar o tempo de cozimento, coloque a água do banho-maria sempre fervendo no tabuleiro.

Robalo à indiana com mango chutney

INGREDIENTES

PARA O ROBALO

- 4 filés de robalo (180 g cada)
- 2 colheres (sopa) de cebola picada
- 2 dentes de alho picados
- 1 colher (sopa) de gengibre em pó
- 1 colher (sopa) de cominho em pó
- ½ pimenta dedo-de-moça picada
- 1 pote de iogurte natural
- 1 limão
- sal

PARA O GARAM MASALA

- 2 colheres (sopa) de cominho em grãos
- 2 colheres (sopa) de coentro em grãos
- 2 colheres (sopa) de cardamomo em grãos
- 1 colher (sopa) de pimenta-do-reino em grãos
- 2 colheres (sopa) de canela em pó
- 1 colher (chá) de noz-moscada em pó
- ½ colher (chá) de açafrão em pó
- 3 colheres (sopa) de azeite extravirgem

PARA O MOLHO

- 2 colheres (sopa) de cebola picada
- 150 ml de leite de coco
- 3 colheres (sopa) de molho de tomate
- 80 ml de creme de leite
- 1 colher (sopa) de garam masala
- sal

PARA O MANGO CHUTNEY

- 1 manga cortada em cubos
- 2 maçãs cortadas em cubos
- 25 g de uva-passa preta
- 1 colher (sopa) de manteiga
- 1 colher (sopa) de cebola picada
- 2 dentes de alho picados
- 1 colher (sopa) de coentro picado
- 1 colher de curry Madras
- 1 colher (sopa) de açúcar mascavo
- 20 ml de vinagre de vinho branco
- sal

PORÇÃO 4 pessoas

MODO DE FAZER

ROBALO

Misture o iogurte, o limão, a cebola, o alho, o gengibre, o cominho, a pimenta dedo-de-moça e o sal. Espalhe a mistura sobre o peixe e cubra-o com papel-filme. Guarde na geladeira por, no mínimo, 20 minutos. Retire o peixe da geladeira e da marinada. Coloque-o em um tabuleiro com azeite e asse por 12 a 15 minutos no forno a 180°C.

GARAM MASALA

Em uma frigideira quente, toste rapidamente todas as especiarias. Bata tudo no liquidificador com o azeite até formar uma pasta. Guarde em um pote bem fechado.

MOLHO

Deixe a cebola suar no azeite e junte o molho de tomate, o creme de leite e o leite de coco. Cozinhe em fogo baixo, sem ferver muito, e finalize com o garam masala e um pouco da marinada do peixe. Verifique o tempero.

MANGO CHUTNEY

Refoge na manteiga a cebola, o alho, o coentro, as passas, o curry Madras e o açúcar mascavo. Faça um *déglacer* com o vinagre de vinho branco e deixe ferver. Acrescente a maçã e a manga cortadas em cubos. Cozinhe em panela tampada em fogo baixo por 15 minutos, ou até secar. Tempere com sal.

SERVIR

Coloque o peixe no prato e cubra-o com o molho. Coloque uma colher de mango chutney no prato. Decore com um pouco de garam masala ao redor. Como acompanhamento, prefira arroz branco basmati cozido em água e sal.

Dicas

- Cuidado para não queimar as especiarias na hora de tostá-las.
- Para deixar o arroz basmati mais bonito e apresentável, coloque-o quente em uma fôrma untada com manteiga, aperte bem e desenforme no prato.

Harmonização

A cozinha indiana é muito rica em especiarias, que são fortes em sabor e aroma, e na maioria das vezes dão sensação picante ao prato. Vinhos frescos e muito aromáticos harmonizam bem com esse tipo de culinária.

Sugestão: Uva Gewurztraminer, da Alsácia.

Robalo à indiana com mango chutney

Ovos nevados ao chocolate

INGREDIENTES

PARA OS OVOS NEVADOS

- 6 claras
- 350 g de açúcar
- 500 ml de leite
- 500 ml de água
- 1 pitada de sal

PARA A CALDA DE CHOCOLATE

- 200 g de chocolate em pó meio amargo
- 200 ml de leite
- 80 g de manteiga

NA HORA DE SERVIR

- sorvete de creme
- açúcar de confeiteiro

PORÇÃO 4 pessoas

MODO DE FAZER

OVOS NEVADOS

Esquente o leite e a água num tabuleiro bem largo (essa mistura não pode ferver). Bata as claras em neve com uma pitada de sal. Depois, acrescente o açúcar e bata até formar um suspiro bem firme. Modele o suspiro com uma concha e coloque para cozinhar na mistura de água e leite. Cozinhe por 8 minutos de cada lado e retire. Para secar, ponha os suspiros sobre um pano limpo.

CALDA DE CHOCOLATE

Ferva o leite. Derreta o chocolate no leite em banho-maria. Acrescente a manteiga aos poucos.

SERVIR

Coloque o molho de chocolate quente em um prato fundo. Disponha o ovo nevado no meio do prato. Com uma colher para sorvete, retire o centro do ovo nevado e recheie com sorvete de creme. Polvilhe o açúcar de confeiteiro e caramelize com um maçarico.

Dica

- Para não engrossar, a calda de chocolate não pode ser fervida. Deve ser derretida em banho-maria.

Menu Para um momento romântico

Polenta mole com ovo poché e trufa

INGREDIENTES

PARA A POLENTA

- 200 g de polenta italiana
- 1,2 litro de caldo de frango
- 50 g de parmesão grana padano ralado
- 80 g de manteiga
- sal e pimenta-do-reino

PARA O OVO POCHÉ

- 2 ovos caipiras

NA HORA DE SERVIR

- trufas pretas (opcional)
- azeite de trufas brancas
- parmesão grana padano

PORÇÃO 4 pessoas

MODO DE FAZER

POLENTA

Molhe a polenta pouco a pouco com o caldo de frango fervente até dar o ponto. Junte o parmesão e a manteiga. Tempere.

OVO POCHÉ

Ferva água em uma panela. Quebre o ovo em uma taça e coloque-o com cuidado na água fervente para cozinhar. Abaixe o fogo e cozinhe por 4 minutos, sem deixar ferver. Retire o ovo com cuidado e coloque-o na água bem fria. Deixe esfriar sobre um pano seco.

SERVIR

Coloque a polenta em um prato fundo. Esquente o ovo em água quente por não mais que um minuto e coloque-o no centro da polenta. Cubra com rodelas finas de trufas pretas. Regue com o azeite de trufas. Distribua pedaços de parmesão grana padano sobre o ovo.

Dica

- Importantíssimo: coloque o ovo em água bem fria depois de cozinhá-lo por 4 minutos, para que a gema fique mole por dentro.

Rouleau de linguado com carpaccio de palmito e caviar

INGREDIENTES

PARA OS LEGUMES

- 1 cenoura
- 1 alho-poró
- 2 talos de aipo
- 1 cebola roxa fatiada
- 1 colher (sopa) de manteiga
- sal e pimenta-do-reino

PARA O LINGUADO

- 4 filés de linguado (180 g cada)
- 4 folhas de acelga verdes e grandes
- 4 colheres de mostarda Dijon
- 100 ml de vinho branco
- sal e pimenta-do-reino

PARA O MOLHO

- 250 ml de azeite extravirgem
- suco de 2 limões-sicilianos
- 1 pimenta dedo-de-moça picada
- coentro picado
- caviar Mujol
- coentro em grãos
- sal e pimenta-do-reino

NA HORA DE SERVIR

- 200 g de coração de palmito fresco
- minirrúcula e minicoentro

PORÇÃO 4 pessoas

MODO DE FAZER

LEGUMES

Corte os legumes à julienne. Refogue-os na manteiga em fogo baixo. Tempere e deixe esfriar.

LINGUADO

Escalde as folhas de acelga em água fervente e depois coloque-as no gelo. Seque bem. Retire a parte branca das folhas. Sobre um pedaço de papel-filme, coloque uma folha de acelga. Abra os filés de linguado ao meio e disponha-os sobre a acelga. Tempere. Passe uma colher de mostarda Dijon sobre os filés. Coloque os legumes no centro e enrole os filés em papel-filme. Aperte bem. Guarde na geladeira por, no mínimo, 1 hora. Corte os filés de linguado em rodelas de 2 cm e retire o papel-filme. Tempere-os novamente. Transfira para a panela, junte o vinho branco e deixe ferver. Cubra com papel-alumínio e asse por 10 a 15 minutos no forno a 180°C.

MOLHO

Misture tudo muito bem.

SERVIR

Corte o palmito em rodelas bem finas. Disponha-as no prato como se fossem carpaccio. Coloque o linguado por cima. Junte o caldo do cozimento do peixe ao molho e regue o linguado. Finalize com as minirrúculas e o minicoentro.

Dicas

- Para o molho não emulsionar, misture tudo vagarosamente com a ajuda de uma colher.
- O molho não deve ser esquentado. Sirva em temperatura ambiente.

Harmonização

O linguado é um peixe de sabor delicado. E ao ser servido com molho cítrico, casa melhor com um vinho branco leve, delicado e cítrico.

Sugestão: Uvas Pinot Blanc, ou Sylvaner, da Alsácia.

Maçã no forno com crumble de gengibre

INGREDIENTES

PARA A MAÇÃ

- 4 maçãs vermelhas ácidas
- 4 pedaços de canela em pau
- 4 cravos-da-índia
- 150 g de manteiga
- 200 g de açúcar

PARA O CRUMBLE DE GENGIBRE

- 100 g de biscoito maisena
- 40 g de açúcar
- 20 g de farinha de trigo
- 60 g de manteiga
- gengibre fresco ralado
- gengibre em pó
- uma pitada de sal

NA HORA DE SERVIR

- sorvete de manga
- folhas de hortelã
- açúcar de confeiteiro

PORÇÃO 4 pessoas

MODO DE FAZER

MAÇÃ

Corte o topo das maçãs e cave o centro com cuidado para retirar as sementes, sem furar ou quebrar as frutas. Misture o açúcar e a manteiga e recheie as maçãs. Ponha as maçãs em um pirex, bem juntas umas das outras. Espalhe a canela em pau e o cravo-da-índia. Asse no forno a 160°C por 40 a 50 minutos. Regue as maçãs, de 5 em 5 minutos, com a ajuda de uma colher, usando o caldo que se formou no pirex, para que elas fiquem bem suculentas e amanteigadas.

CRUMBLE DE GENGIBRE

Misture todos os ingredientes com a mão para formar uma farofa grossa. Coloque em um tabuleiro e asse por 10 minutos no forno a 180°C, até dourar. Deixe esfriar.

SERVIR

Cubra as maçãs com sorvete de manga. Regue-as com o restante do molho do cozimento e salpique o crumble. Decore com as folhas de hortelã e o açúcar de confeiteiro.

Dica

- O tempo de cozimento das maçãs pode variar conforme seu tamanho e qualidade. Siga o seu *feeling*.

Salmonete very crisp com tomate confitado

INGREDIENTES

PARA O SALMONETE

- 4 salmonetes ou trilhas bem frescas com escamas
- sal e pimenta-do-reino
- azeite extravirgem

PARA O TOMATE CONFITADO

- 4 tomates maduros
- 4 dentes de alho fatiados
- 150 ml de azeite extravirgem
- sal, pimenta-do-reino e açúcar

NA HORA DE SERVIR

- flor de sal

PORÇÃO 4 pessoas

MODO DE FAZER

SALMONETE

Limpe o salmonete e deixe 4 filés com escamas e 4 sem. Tempere os filés com sal e pimenta-do-reino. Coloque os 4 com escamas sobre uma grelha e abra as escamas com as mãos. Despeje azeite bem quente sobre o peixe (a escama vai levantar e formar um crisp). Repita a operação por 4 a 5 vezes. Asse os filés sem escamas no forno a 180°C por 5 minutos.

TOMATE CONFITADO

Retire a pele dos tomates. Corte ao meio e retire as sementes. Amasse com as mãos e tempere com sal, pimenta-do-reino, açúcar e azeite. Coloque o alho por cima. Asse no forno a 150°C por 1 hora. Reserve.

SERVIR

Disponha 2 ½ tomates no prato. Regue com o azeite de cozimento e o alho. Coloque o salmonete sem escamas por baixo e o com escamas por cima. Finalize com flor de sal.

DICA

- O prato tem de ser degustado imediatamente, porque as escamas amolecem.

Peito de frango recheado com cottage e cebolinha

INGREDIENTES

PARA O PEITO DE FRANGO

- 4 peitos de frango caipira
- 6 colheres (sopa) de manteiga
- 24 cebolinhas lavadas
- tomilho, louro e alecrim
- sal e pimenta-do-reino

PARA O RECHEIO

- 250 g de queijo cottage
- 2 colheres (sopa) de cebola roxa picada
- 1 colher (sopa) de alho picado
- 1 colher (sopa) de salsa picada
- 1 pimenta dedo-de-moça picada
- sal e pimenta-do-reino

PARA O MOLHO

- 1 colher (sopa) de vinagre balsâmico
- 1 colher (sopa) de molho de soja
- 2 colheres (sopa) de azeite extravirgem
- salsa, cebolinha francesa, hortelã picada

NA HORA DE SERVIR

- folhas de louro

PORÇÃO 4 pessoas

MODO DE FAZER

PEITO DE FRANGO

Retire a pele do peito de frango. Abra o peito ao meio e tempere com sal e pimenta-do-reino. Recheie e feche. Derreta a manteiga em um pirex e refogue as cebolinhas. Coloque os peitos de frango e as ervas por cima. Asse por 20 minutos no forno a 180°C. Regue sempre com o molho.

RECHEIO

Misture todos os ingredientes.

MOLHO

Coloque as cebolinhas no prato e os peitos de frango por cima. Faça um *déglacer* no pirex com vinagre balsâmico e molho de soja. Verifique o tempero e regue com o azeite. Junte as ervas.

SERVIR

Cubra os peitos de frango com o molho e decore com folhas de louro.

Dica

- O tempo de cozimento do frango pode variar entre 15 e 25 minutos. Isso vai depender do tamanho e do peso do peito.

Harmonização

Você deve considerar a forma de preparo do frango para escolher um branco ou um tinto. Neste caso, a pimenta dedo-de-moça do recheio é um ingrediente dominante, que necessita ser confrontado com o frescor e a acidez do vinho.

Sugestão: Chardonnay sem madeira, Chablis e Chardonnay do Chile.

Torta suflê de chocolate

INGREDIENTES

PARA A MASSA

- 250 g de farinha de trigo
- 1 ovo
- 30 g de amêndoas moídas
- 150 g de manteiga amolecida
- 75 g de açúcar de confeiteiro
- uma pitada de sal

PARA O SUFLÊ

- 5 gemas
- 5 claras
- 150 g de chocolate em pó
- 100 g de açúcar (50 g para as gemas, 50 g para as claras)
- 140 g de manteiga
- uma pitada de sal

NA HORA DE SERVIR

- açúcar de confeiteiro
- sorvete de creme

PORÇÃO 4 pessoas

MODO DE FAZER

MASSA

Peneire a farinha e misture-a com o açúcar de confeiteiro e as amêndoas moídas. Faça um buraco no meio da farinha e coloque a manteiga. Misture com as mãos até formar uma farofa. Junte o ovo e o sal, e misture bem. Guarde na geladeira por 4 horas. Abra a massa e coloque-a em fôrmas de tartelete. Cubra com papel-manteiga e encha com feijão cru. Asse a 180°C por 15 minutos. Retire o papel-manteiga e o feijão e deixe mais um pouco no forno, até a massa secar.

SUFLÊ

Bata as gemas e 50 g de açúcar até clarear. Amoleça o chocolate, a manteiga e as gemas batidas com o açúcar em banho-maria. Bata 5 claras em neve com 50 g de açúcar e o sal. Misture as claras com o chocolate bem devagar. Encha as tarteletes e polvilhe com açúcar de confeiteiro. Asse no forno a 180°C por 10 minutos. Sirva imediatamente.

SERVIR

Polvilhe com açúcar de confeiteiro. Sirva com sorvete de creme ao lado.

Dica

- É fundamental misturar bem devagarinho as claras batidas com o chocolate para elas não murcharem.

Menu Para quem é vegetariano

Berinjela com tahine

INGREDIENTES

PARA A BERINJELA

- 8 berinjelas pequenas
- azeite

PARA O TAHINE

- 2 ½ colheres (sopa) de tahine
- suco de ½ limão
- 1 dente de alho picado
- 4 colheres (sopa) de água filtrada
- pimenta síria
- sal a gosto

NA HORA DE SERVIR

- azeite extravirgem
- páprica doce
- folhas de salsa

PORÇÃO 4 pessoas

MODO DE FAZER

BERINJELA

Lave, seque e depois molhe as berinjelas no azeite. Coloque as berinjelas inteiras numa grelha sobre a chama do fogão. Vire de vez em quando até tostar e murchar. Enrole em papel-alumínio e reserve por 15 minutos. Retire do papel-alumínio e descasque as berinjelas, elimine os resíduos da casca escurecida e coloque no prato. Amasse as berinjelas com um garfo.

TAHINE

Misture o tahine com o suco de limão. Acrescente o sal, o alho, a pimenta síria, a água filtrada e misture novamente.

SERVIR

Regue as berinjelas com o tahine e depois com o azeite. Decore com um pouco de páprica doce e folhas de salsa.

Dica

- Para obter o sabor defumado típico da receita é importante tostar bem as berinjelas.

Risoto de gorgonzola, ervilha e pera

INGREDIENTES

PARA O RISOTO

- 400 g de arroz arbório
- 1 colher (sopa) de azeite
- 150 g de gorgonzola em cubinhos
- 4 peras secas em cubinhos
- 200 g de palmito pupunha em cubinhos
- 9 conchas de caldo de frango
- 150 ml de vinho branco seco
- 80 g de cebola picada
- 2 colheres (sopa) de manteiga
- 60 g de parmesão ralado
- sal e pimenta-do-reino

PARA O PURÊ DE ERVILHA

- 200 g de ervilha congelada
- sal

PARA O CREME DE GORGONZOLA

- 200 ml de creme de leite fresco
- 180 g de gorgonzola

NA HORA DE SERVIR

- pera seca fatiada

PORÇÃO 4 pessoas

MODO DE FAZER

RISOTO

Refogue a cebola no azeite. Coloque o arroz na panela e refogue por mais 5 minutos. Faça um *déglacer* com vinho branco e reduza. Acrescente uma concha de caldo de frango e reduza até secar, sem parar de mexer. Adicione mais caldo, concha por concha, até chegar a 15 minutos de cozimento. Acrescente o gorgonzola e o parmesão e deixe derreter. Junte o purê de ervilhas, as peras em cubinhos e o palmito pupunha. Cozinhe por mais 5 minutos e finalize com a manteiga. Verifique o tempero.

PURÊ DE ERVILHA

Cozinhe a ervilha em água e sal. Depois, dê um banho de água gelada nela. Bata no liquidificador com um pouco de água para formar um purê. Passe por uma peneira.

CREME DE GORGONZOLA

Ferva o creme de leite e derreta o gorgonzola junto. Deixe reduzir até ficar em ponto cremoso. Bata no liquidificador.

SERVIR

Coloque o risoto no prato. Disponha as peras fatiadas em volta e o creme de gorgonzola no centro.

Dica

- O risoto não pode esperar. Depois de 20 minutos de cozimento, sirva e coma imediatamente.

Harmonização

O queijo gorgonzola tem veios azuis. E um vinho com um pouco de açúcar residual vai atenuar o sal e o amargor, que são as características mais fortes do queijo.

Sugestão: Riesling Spätlese, da Alemanha.

Cartola do Batista

INGREDIENTES

PARA A BANANA

- 6 bananas-prata
- 2 colheres (sopa) de manteiga
- 4 colheres (sopa) de mel
- suco de ½ limão
- pimenta calabresa

PARA A CARTOLA

- 400 g de queijo manteiga ou coalho

NA HORA DE SERVIR

- 250 g de açúcar granulado
- canela de boa qualidade
- castanha de caju bem picada

PORÇÃO 4 pessoas

MODO DE FAZER

BANANA

Caramelize as bananas cortadas ao meio na manteiga. Acrescente a pimenta calabresa e faça um *déglacer* com mel. Coloque o limão. Retire do fogo.

CARTOLA

Cubra as bananas com fatias grossas de queijo manteiga ou coalho. Aqueça no forno até o queijo derreter.

SERVIR

Retire do forno. Misture o açúcar granulado e a canela e polvilhe a cartola. Finalize com a farofa de castanha de caju.

DICA

- Você pode substituir o queijo manteiga ou o queijo coalho por queijo minas curado.

Sopa de cebola roxa gratinada

INGREDIENTES

PARA A SOPA

- 4 cebolas roxas grandes fatiadas
- 1 colher (sopa) de farinha de trigo
- 500 ml de água ou caldo de legumes
- 120 ml de vinho branco seco
- 2 colheres (sopa) de azeite
- 1 colher (sopa) de manteiga
- 2 dentes de alho picados
- 1 bouquet garni
- sal e pimenta-do-reino

NA HORA DE SERVIR

- torradas de pão baguete amanhecido
- 300 g de queijo tipo suisse ralado

PORÇÃO 4 pessoas

MODO DE FAZER

SOPA

Esquente o azeite e derreta a manteiga. Junte as cebolas e o alho e refogue até dourar. Junte o vinho branco e deixe ferver. Coloque a farinha de trigo e misture bem. Adicione a água e o *bouquet garni*. Ferva por 20 a 30 minutos em panela tampada. Verifique o tempero.

SERVIR

Coloque um pouco de sopa em uma cumbuca. Cubra com as torradas e uma camada de queijo tipo suisse ralado. Leve ao forno quente para gratinar.

DICA

- No lugar do queijo tipo suisse, use o verdadeiro gruyère.

Estrogonofe de carne de soja e palmito ao curry

INGREDIENTES

- 150 g de proteína texturizada de soja escura
- 3 colheres (sopa) de cenoura picada
- 3 colheres (sopa) de pimentão verde picado
- 200 g de cogumelos-de-paris cortados em seis
- 150 g de palmito fresco fatiado
- 200 ml de molho de tomate
- 450 ml de creme de leite
- 3 colheres (sopa) de azeite
- 3 colheres (sopa) de cebola picada
- 5 dentes de alho picados
- 1 colher (chá) de curry Madras
- ½ colher (chá) de páprica picante
- 3 colheres (sopa) de conhaque
- 3 colheres (sopa) de vinagre balsâmico
- salsa picada
- sal e pimenta-do-reino

PORÇÃO 4 pessoas

MODO DE FAZER

Despeje água fervente sobre a proteína de soja e deixe hidratar por 30 minutos. Corte a proteína em cubos grandes e doure em 2 colheres (sopa) de azeite. Tempere com sal e pimenta-do-reino. Retire da panela e reserve. Na mesma panela, puxe no azeite a cebola, o alho, a cenoura e o pimentão. Junte os cogumelos e o palmito, e tempere com sal e pimenta. Misture a proteína de soja, o curry e a páprica. Flambe com o conhaque e adicione o vinagre. Ponha o molho de tomate e deixe ferver. Acrescente 300 ml de creme de leite e ferva. Verifique o tempero e guarde para servir no dia seguinte. Reaqueça o estrogonofe e só então acrescente os 150 ml de creme de leite restantes. Coloque salsa picada e verifique novamente o tempero.

Dica

- Sirva o estrogonofe com arroz branco ou talharim na manteiga.

Harmonização

Partindo do princípio de que a soja é um vegetal preparado como carne bovina, você não deve harmonizá-la com um tinto, mas com um Chardonnay, e com uma boa passagem em barrica.
Sugestão: Uva Chardonnay da Califórnia, ou um Chassagne-Montrachet, da França.

Pêssego Melba do Thomas

INGREDIENTES

PARA OS PÊSSEGOS
- 4 pêssegos frescos
- 500 g de açúcar
- 1 litro de água
- 1 baunilha cortada ao meio

PARA O CRUMBLE
- 100 g de manteiga amolecida
- 200 g de açúcar
- 30 g de açúcar de confeiteiro
- 100 g de farinha
- 75 g de castanha-do-pará moída

PARA A GELEIA DE FRAMBOESA
- 250 g de framboesa
- 100 g de açúcar
- gotas de limão

NA HORA DE SERVIR
- sorvete de creme
- chantili
- amêndoas tostadas
- açúcar de confeiteiro

PORÇÃO 4 pessoas

MODO DE FAZER

PÊSSEGOS

Passe os pêssegos em água fervente por 20 segundos e, depois, em água gelada. Retire a pele dos pêssegos. Ferva a água com o açúcar e a baunilha durante 5 minutos. Coloque os pêssegos nessa calda e cubra-os com um pano. Cozinhe em fogo baixo por 20 minutos. Deixe os pêssegos esfriar na calda e coloque-os na geladeira por 12 horas.

CRUMBLE

Misture todos os ingredientes até formar uma farofa grossa. Coloque-a em um tabuleiro e asse no forno a 180°C, até corar (cerca de 10 minutos). Deixe esfriar e quebre em pedaços.

GELEIA DE FRAMBOESA

Cozinhe as framboesas com o açúcar em uma panela por 10 a 15 minutos, até engrossar e dar o ponto de geleia. Adicione o limão e deixe esfriar.

SERVIR

Coloque o crumble no fundo de uma taça. Fatie os pêssegos e coloque-os por cima. Acrescente uma bola de sorvete de creme, depois a geleia de framboesa. Finalize com chantili, amêndoas tostadas e açúcar de confeiteiro.

DICA
- Substitua o pêssego por manga, pera, abacaxi ou morango.

Claude Troisgros

Menu Para Impressionar Alguém

Ceviche de pargo ao tucupi, banana e aspargo

INGREDIENTES

PARA O CEVICHE

- 400 g de filés de pargo bem fresco
- 20 g de gengibre ralado
- suco de 1 limão-siciliano
- 4 colheres (sopa) de tucupi reduzido
- 1 colher (sopa) de azeite extravirgem
- 1 cebola roxa fatiada e colocada na água com gelo
- 150 g de milho
- 1 pimenta dedo-de-moça picada
- coentro picado
- sal e pimenta-do-reino

PARA O TUCUPI

- 1 litro de tucupi
- ½ cabeça de alho
- 1 colher (sopa) de açúcar
- 1 pimenta dedo-de-moça fatiada

PARA O ASPARGO

- 12 aspargos
- sal e pimenta-do-reino

PORÇÃO 4 pessoas

MODO DE FAZER

CEVICHE

Corte o peixe em cubos. Misture todos os ingredientes. Guarde na geladeira por, no mínimo, 10 minutos.

TUCUPI

Coloque todos os ingredientes em uma panela e deixe reduzir a ¼ de litro. Peneire e deixe esfriar.

ASPARGO

Limpe os aspargos, grelhe com gotas de azeite e tempere.

SERVIR

Disponha os aspargos em triângulo no prato. Coloque as bananas no centro. Ponha o ceviche por cima, com um pouco do caldo da marinada.

Dica

- Se você não encontrar tucupi, use suco de laranja.

Cordeiro em roupa de berinjela e maçã verde

INGREDIENTES

PARA A BERINJELA
- 2 berinjelas
- azeite
- sal e pimenta-do-reino

PARA O CORDEIRO
- 4 carrés de cordeiro desossados e limpos
- 2 colheres (sopa) de azeite extravirgem
- 4 dentes de alho com casca
- alecrim, louro, tomilho
- sal e pimenta-do-reino

PARA A MAÇÃ VERDE
- 4 maçãs verdes
- 1 gota de azeite extravirgem

PARA O MOLHO
- 200 g de manteiga
- 1 colher (sopa) de alho picado
- 3 colheres (sopa) de cebola roxa picada
- 4 tomates em cubos
- 2 colheres (sopa) de curry Madras picante
- 100 g de uva-passa preta
- suco de ½ limão
- 100 ml de molho de soja
- salsa crespa picada
- sal e pimenta-do-reino

MODO DE FAZER

BERINJELA

Corte as berinjelas em fatias longas de 2 mm de espessura. Frite-as no azeite e tempere com sal e pimenta-do-reino. Reserve.

CORDEIRO

Tempere o cordeiro com sal e pimenta-do-reino. Frite a carne de todos os lados no azeite. Enrole o cordeiro na berinjela e feche com papel-filme, apertando-o bem. Guarde por 30 minutos na geladeira. Retire o papel-filme e ponha para assar em um pirex com azeite, alho com casca, alecrim, louro e tomilho durante 7 minutos a 180°C.

MAÇÃ VERDE

Corte a maçã com casca em fatias de ½ cm (3 fatias por pessoa). Frite-as em uma frigideira antiaderente com uma gota de azeite, de um lado só. Vire-as no prato e retire o miolo.

MOLHO

Prepare a manteiga *noisette*. Coloque o alho, a cebola roxa, o tomate em cubos, a uva-passa e o curry Madras e deixe suar. Faça um *déglacer* com o suco de limão e o molho de soja. Tempere e adicione a salsa picada.

SERVIR

Corte o cordeiro ao meio. Disponha-o sobre as maçãs. Regue com o molho. Finalize com o alho, o tomilho e o alecrim do cozimento do cordeiro.

PORÇÃO 4 pessoas

Dica

- Para fazer a manteiga *noisette*, derreta a manteiga em uma frigideira e deixe fritar até dourar.

Harmonização

O cordeiro é uma carne de sabor forte, e para esse casamento ficar perfeito, você precisa de um vinho com sabor marcante. Neste caso, um bom Cabernet Sauvignon com madeira ficaria ótimo.
Sugestão: Bordeaux, de Pauillac, ou Cabernet Sauvignon, do Chile.

Pera ao vinho tinto

INGREDIENTES

PARA A PERA

- 4 peras
- 500 ml de vinho tinto
- suco de 2 laranjas
- suco de 1 limão
- 150 g de açúcar
- 2 canelas em pau
- 1 cravo-da-índia
- 2 anises-estrelados
- 30 g de gengibre picado
- casca de 1 laranja
- casca de 1 limão

NA HORA DE SERVIR

- 10 morangos
- Grand Marnier
- pimenta verde em grãos
- suspiro pronto
- folhas de hortelã
- açúcar de confeiteiro

PORÇÃO 4 pessoas

MODO DE FAZER

PERA

Ferva todos os ingredientes líquidos junto com os temperos. Descasque as peras e corte-as ao meio. Retire o miolo. Cozinhe a pera na calda de vinho durante 20 minutos, até ficar *al dente*. Deixe esfriar e guarde na geladeira.

SERVIR

Bata os morangos no liquidificador e peneire. Junte o morango à pera em calda e acrescente o Grand Marnier e a pimenta verde. Fatie as peras e ponha-as em uma taça larga. Regue com bastante calda. Quebre o suspiro por cima e finalize com o açúcar de confeiteiro e a hortelã.

Dicas

- Use vinho tinto leve e frutado, como o da uva Gamay.
- Não quer colocar álcool na receita? Substitua o vinho por suco de uva orgânico.

Steak tartare em roupa de acelga

INGREDIENTES

PARA A ACELGA

- 4 folhas de acelga grandes e verdes

PARA O STEAK TARTARE

- 400 g de filé-mignon limpo
- 2 colheres (sopa) de maionese batida na hora, de preferência
- 2 colheres (sopa) de ketchup
- 2 colheres (sopa) de cebola roxa picada
- 100 g de alcaparra lavada e picada
- 4 filés de aliche picado
- 1 pimenta dedo-de-moça picada
- salsa picada
- sal e pimenta-do-reino

PARA OS OVOS

- 4 ovos caipiras
- 1 colher (sopa) de azeite
- sal e pimenta-do-reino

NA HORA DE SERVIR

- parmesão em lascas
- trufas pretas (opcional)
- minirrúcula

PORÇÃO 4 pessoas

MODO DE FAZER

ACELGA

Passe as folhas rapidamente em água fervente. Jogue-as imediatamente no gelo. Seque e retire a parte branca das folhas.

STEAK TARTARE

Corte o filé-mignon em cubos bem pequenos. Tempere com sal e pimenta-do-reino. Depois, misture os outros ingredientes. Enrole a carne nas folhas de acelga e aperte para fechar bem. Guarde na geladeira por 1 hora. Depois, frite rapidamente no azeite.

OVOS

Esquente o azeite em uma frigideira antiaderente. Coloque os ovos e tempere. Frite-os, deixando a gema mole. Retire os ovos da frigideira e descarte a maior parte das claras.

SERVIR

Disponha o steak tartare no centro do prato. Coloque a gema morna sobre ele. Decore com as lascas de parmesão, as trufas pretas e a minirrúcula.

DICA

- Frite o steak tartare rapidamente para corar a folha de acelga, sem deixar cozinhar a carne.

Filé de cherne com banana

INGREDIENTES

PARA O CHERNE E A BANANA

- 4 filés de cherne de 180 g cada
- 4 bananas d'água
- 2 colheres (sopa) de azeite
- sal e pimenta-do-reino

PARA O MOLHO

- 200 g de manteiga
- 80 g de cebola picada
- 2 dentes de alho picados
- suco de 1 limão
- 2 colheres (sopa) de molho de soja
- 120 g de uva-passa preta
- 1 colher (sopa) de urucum
- 4 grãos de pimenta-do-reino branca
- 1 colher (sopa) de coentro picado
- sal

PORÇÃO 4 pessoas

MODO DE FAZER

CHERNE E BANANA

Tempere o peixe com sal e pimenta-do-reino. Doure no azeite. Corte as bananas ao meio com a casca e coloque na mesma frigideira do peixe. Vire o peixe e a banana, e coloque-os imediatamente em um tabuleiro. Asse no forno a 180°C por 12 minutos.

MOLHO

Derreta a manteiga até dourar. Acrescente a cebola e o alho picado. Coloque o suco de limão, o molho de soja e a uva-passa. Junte o urucum e os grãos de pimenta quebrados. Verifique o tempero e adicione o coentro.

SERVIR

Retire a casca das bananas e coloque-as no centro do prato. Disponha o cherne sobre elas. Regue com o molho.

Dicas

- Guarde o molho para o dia seguinte. Ele ficará com sabor bem mais intenso.
- Quando reaquecer o molho, adicione ½ copo de água fervente.

Harmonização

Receita clássica da família Troisgros, muitas vezes testada com tintos leves. O molho compacto desse prato permite que a harmonização seja feita com tinto leve.

Sugestão: Uva Gamay, Cru Beaujolais e Gamay, do vale do Loire.

Sanduíche de chocolate meio amargo

INGREDIENTES

PARA O BROWNIE

- 4 ovos
- 180 g de farinha de trigo
- 120 g de chocolate em pó
- 240 g de chocolate em barra ralado
- 240 g de manteiga
- 400 g de açúcar
- 1 xícara de café expresso
- uma pitada de sal

NA HORA DE SERVIR

- sorvete de creme
- chocolate em pó
- açúcar de confeiteiro

PORÇÃO 4 pessoas

MODO DE FAZER

BROWNIE

Derreta a manteiga. Junte o açúcar e os ovos ligeiramente batidos. Misture bem. Coloque o café expresso frio. Acrescente a farinha, o chocolate em pó e o sal. Incorpore o chocolate ralado. Transfira para um tabuleiro forrado com papel-manteiga e asse no forno a 180°C por 18 minutos. Em seguida, leve à geladeira.

SERVIR

Corte o brownie gelado em quadrados de 8 x 8 cm. Recheie dois quadrados com sorvete de creme e alise bem as bordas. Finalize com chocolate em pó e açúcar de confeiteiro. Coloque em um prato e sirva.

Dica

- Depois de 18 minutos de cozimento, o brownie parece mole e cru. Ele vai endurecer na geladeira.

Sanduíche de chocolate meio amargo

Claude Troisgros

Menu Para reunir a família

Charutinho de folha de uva

INGREDIENTES

O CHARUTINHO

- folhas de uva em conserva
- 200 g de arroz
- 150 g de patinho moído
- 3 dentes de alho picados
- 2 colheres (sopa) de cebola picada
- 1 colher (sopa) de pimenta síria
- 2 colher (sopa) de salsinha picada
- folhas de hortelã
- sal a gosto

PARA O MOLHO

- 500 ml de água
- suco de 1 limão
- 1 dente de alho fatiado
- canela em pó
- sal a gosto

PORÇÃO 4 pessoas

Dica

- Cuidado com o cozimento dos charutinhos. Eles não podem ser fervidos. Retire do fogo assim que o caldo levantar fervura.

MODO DE FAZER

RECHEIO

Lave e escorra o arroz. Depois, deixe-o em um pote com água para hidratar durante 1 hora. Escorra novamente. Misture com as mãos a carne moída, o alho picado, a cebola, a salsinha picada, a pimenta síria e o sal. Acrescente as folhas de hortelã picadas.

CHARUTINHO

Separe as folhas de uva uma por uma e lave bem para tirar o sal. Em uma panela com água fervente, deposite as folhas de uva, uma sobre a outra, até afundá-las. Cozinhe por 5 a 10 minutos sem ferver muito, até que fiquem macias. Escorra as folhas de uva e mergulhe-as em uma bacia com água filtrada e gelo para interromper o cozimento. Seque as folhas em papel-toalha, uma a uma, e remova o talo central. Sobre a folha, coloque um pouco de recheio e faça um rolinho apertado, como se fosse um charutinho.

MOLHO

Junte a água, o limão, a canela, o alho e o sal. Em uma caçarola, coloque os charutos de forma circular. Eles devem ficar bem apertados para não abrir. Despeje a água com limão sobre os charutos. Tampe a panela e deixe cozinhar em fogo baixo por 40 minutos.

SERVIR

Coloque os charutinhos em uma travessa e regue com azeite extravirgem.

Empanada de bacalhau com açafrão

INGREDIENTES

PARA O BACALHAU

- 1 kg de bacalhau imperial dessalgado
- 1 cabeça de alho cortada ao meio
- tomilho e louro

PARA O MOLHO

- 4 cebolas picadas
- 2 pimentões vermelhos cortados em cubos
- 2 tomates com pele e sem sementes cortados em cubos
- 2 dentes de alho picados
- 500 ml de azeite extravirgem
- 1 colher (sopa) de pimenta ou páprica
- açafrão espanhol em pó
- salsa picada grosseiramente
- sal

PARA A MASSA

- 750 a 800 g de farinha de trigo
- 8 g de fermento seco em pó
- 1 ovo
- 250 ml da água de cozimento do bacalhau
- 1 colher (chá) de sal
- 250 ml de azeite coado do molho

PARA A EMPANADA

- 1 gema de ovo

PORÇÃO 8 pessoas

MODO DE FAZER

BACALHAU

Coloque água para ferver com as ervas e o alho. Mergulhe o bacalhau nessa água e deixe levantar fervura novamente. Assim que a água começar a ferver, desligue o fogo, tampe a panela e mantenha assim por 15 minutos. Retire o bacalhau da panela e deixe esfriar por alguns minutos. Corte o bacalhau em lascas, retirando a pele e as espinhas.

MOLHO

Coloque a cebola, o pimentão e o alho para suar em 500 ml de azeite morno. Adicione os tomates e deixe confitar. Acrescente o bacalhau, a pimenta, o açafrão e a salsa. Desligue o fogo e misture tudo com muito cuidado. Verifique o tempero e deixe esfriar.

MASSA

Misture a farinha, o fermento e o sal. Faça um buraco no centro e coloque o ovo, 250 ml de água do cozimento do bacalhau peneirada e o azeite do molho peneirado. Misture com uma espátula de madeira. Transfira para uma superfície enfarinhada e trabalhe com as mãos até a massa ficar uniforme. Deixe-a descansar por 1 hora em temperatura ambiente, coberta com um pano.

EMPANADA

Forre um tabuleiro com papel-manteiga. Divida a massa em duas partes iguais e abra-as de modo que fiquem com 1 cm de espessura. Forre o tabuleiro com a primeira metade da massa. Recheie com o bacalhau e cubra com a segunda metade da massa. Apare as bordas, sele e decore a empanada. Faça um furo no centro para liberar o calor. Pincele com uma gema misturada com água. Asse no forno a 220°C por 30 a 40 minutos.

DICA

- Misture o bacalhau com o molho bem devagar para não quebrar as lascas.

Harmonização

O bacalhau está envolvido em uma massa de trigo que vai dominar toda a boca, e, portanto, você precisa de um vinho branco fresco para limpá-la.
Sugestão: Vinho Verde, de Portugal, ou Muscadet, do vale do Loire.

Empanada de bacalhau com açafrão

Madeleine por Magdalena

INGREDIENTES

PARA A MASSA

- 4 ovos
- 2 gemas
- 250 g de farinha de trigo peneirada
- 200 g de açúcar
- 200 g de manteiga derretida
- 10 g de fermento em pó
- açúcar de confeiteiro

NA HORA DE SERVIR

- sorvete
- geleia ou calda de chocolate

PORÇÃO 4 a 6 pessoas

MODO DE FAZER

MASSA

Bata os ovos, as gemas e o açúcar até ficar cremoso. Misture a farinha e o fermento. Acrescente a manteiga derretida. Leve à geladeira por 2 horas. Coloque em fôrmas para madeleine previamente untadas e enfarinhadas. Polvilhe com açúcar de confeiteiro. Asse no forno a 200°C por 12 minutos. Desenforme e sirva ainda quente.

SERVIR

Sirva com geleia ou calda de chocolate.

Dica

- Se gostar, misture à massa um pouco de coco ralado, raspas de chocolate meio amargo, framboesa ou manga em cubinhos.

Cappelletti in brodo

INGREDIENTES

PARA O PERNIL DE PORCO

- 2 kg de pernil de porco
- 400 ml de vinho branco seco
- 8 dentes de alho picados
- 4 colheres (sopa) de gengibre ralado
- louro
- sal e pimenta-do-reino

PARA A MASSA

- 500 g de farinha de trigo
- 5 ovos ligeiramente batidos
- noz-moscada
- casca de 1 limão-siciliano ralada
- pimenta-do-reino

PARA O BRODO

- 1 frango caipira cortado em pedaços
- 1 cebola cortada em cubos
- 2 tomates cortados em cubos
- 1 cenoura cortada em cubos grandes
- 1 talo de aipo cortado em cubos
- 1 bouquet garni com cebolinha
- noz-moscada
- sal

PARA O RECHEIO DO CAPPELLETTI

- 1 kg de carne de frango desfiada
- 1 kg de carne de porco desfiada com o molho de cozimento
- 1 pires de queijo parmesão ralado
- 1 pires de ricota defumada
- casca de 1 limão-siciliano ralada
- noz-moscada
- pimenta-do-reino
- canela em pó
- salsa picada
- sal

NA HORA DE SERVIR

- salsa
- parmesão Reggiano ralado

PORÇÃO 10 a 12 pessoas

DICAS

- Se não tiver máquina de afinar massa, você pode fazer o cappelletti com um rolo de confeiteiro.
- Você pode congelar as sobras do recheio ou os cappelletti recheados ainda crus.

MODO DE FAZER

PERNIL DE PORCO

Misture todos os ingredientes, exceto o sal e a pimenta. Deixe o pernil marinar por 12 horas na geladeira. Tempere e asse no forno a 170°C por 4h30, regando de vez em quando com o caldo do cozimento. Deixe esfriar e desfie.

MASSA

Misture os ingredientes com as mãos até a massa ficar homogênea (10 a 15 minutos). Abra-a na máquina começando pelo número 1, depois dobre a massa. Passe até o número 6. Corte em círculos de 6 cm de diâmetro.

BRODO

Ferva água em uma panela e coloque os legumes e o tempero. Deixe o frango cozinhar por 40 minutos. Retire o frango, deixe esfriar e desfie, descartando ossos e pele. Peneire o caldo e reduza, se necessário. Verifique o tempero.

RECHEIO

Bata o frango e a carne de porco no processador de alimentos. Misture com o restante dos ingredientes.

CAPPELLETTI

Recheie os círculos de massa já cortados. Dobre-os para formar os cappelletti.

SERVIR

Cozinhe os cappelletti no caldo de frango até ficar *al dente*. Coloque a massa em um prato bem fundo. Rasgue salsa sobre ela. Cubra com o caldo de frango. Sirva com parmesão ralado à parte.

Cappelletti in brodo

Escalope de salmão com creme de azedinha

INGREDIENTES

PARA O SALMÃO

- 4 escalopes de salmão de 160 g cada
- sal e pimenta-do-reino

PARA O CREME

- 250 ml de vinho branco seco
- 125 ml de dry martíni
- 375 ml de creme de leite
- 1 colher (sopa) de manteiga
- 2 cebolas roxas picadas
- suco de 1 limão
- folhas de azedinha
- sal e pimenta-do-reino

PARA O ASPARGO

- 12 aspargos bem frescos
- 1 colher (sopa) de manteiga
- sal e pimenta-do-reino

PORÇÃO 4 pessoas

MODO DE FAZER

SALMÃO

Tempere o salmão com sal e pimenta-do--reino. Grelhe o peixe rapidamente em uma frigideira antiaderente bem quente. Deixe o salmão malpassado.

CREME

Reduza o vinho branco e o dry martíni com a cebola roxa. Coloque o creme de leite e deixe reduzir a ¼. Tempere. Acrescente a manteiga, a azedinha e o limão.

ASPARGO

Ferva água com sal e cozinhe os aspargos por 2 minutos. Depois, mergulhe os aspargos em água muito gelada e seque. Passe em uma frigideira com manteiga e tempere.

SERVIR

Regue o prato com o creme. Disponha 3 aspargos no centro do prato. Coloque o escalope de salmão sobre os aspargos.

DICA

- Se você não encontrar azedinha, substitua-a por bertalha aferventada no vinagre de vinho branco.

Harmonização

O salmão sugere muitas harmonizações, mas com o molho cremoso de azedinha é melhor dar preferência aos brancos mais alcoólicos para confrontar a untuosidade.

Sugestão: Uva Viognier, do vale do Rhône.

Crepe Suzette

INGREDIENTES

PARA A MASSA

- 125 g de farinha de trigo
- 4 ovos
- 375 ml de leite
- 40 g de manteiga noisette (derretida até dourar)
- 25 g de açúcar
- uma pitada de sal

PARA A CALDA

- 300 ml de suco de laranja
- 100 ml de suco de limão
- 125 g de açúcar
- água

NA HORA DE SERVIR

- 125 g de chantili
- 4 laranjas
- 200 ml de Cointreau
- 30 g de amêndoas tostadas
- açúcar de confeiteiro
- 1 colher (sopa) de manteiga

PORÇÃO 4 pessoas

MODO DE FAZER

MASSA

Misture a farinha, os ovos, o açúcar e o sal. Acrescente o leite e bata bem no liquidificador. Coloque a manteiga *noisette*. Deixe a massa descansar por 2 horas na geladeira antes de usá-la. Peneire. Confeccione os crepes em uma frigideira antiaderente.

CALDA

Faça um caramelo marrom-claro com o açúcar e algumas gotas de água. Depois, faça um *déglacer* do caramelo com os sucos de laranja e de limão. Reduza até a consistência de xarope.

SERVIR

Descasque as laranjas e retire os gomos. Recheie os crepes com o creme de chantili e feche em formato de triângulo. Coloque a panela no fogo com a manteiga, depois junte os crepes e os gomos de laranja. Flambe com Cointreau. Regue com a calda. Transfira para um prato e polvilhe com as amêndoas e o açúcar de confeiteiro.

Dica

- Tente fazer os crepes o mais fino possível. A apresentação ficará bem melhor.

Claude Troisgros

Claude Troisgros

Agradecimentos

Agradeço a cada participante do *Que Marravilha!* que me inspirou com suas histórias, ensinando truques novos e dividindo comigo momentos inesquecíveis. A todos o meu muito obrigado!

Paula Gicovate
Roberto Cabot
Flávia Fonseca
Maurício Ferraro
Anlive Portela
Maria Clara e César Bittencourt
Joana Pessoa
Marcelo Pingarilho
Ana Cecília Freire
Fernanda Milagres
Antônio Baines
Amália Querino
Sandra Duarte
Itamar Ramalho
Bianca Nascimento
Adriana Da Viá
Michel Gomberg
Aline Kramer
Fernando Penido
Cida Gusso
Ricardo Cezimbra
Lara Brittes
Rafael Sato
Adriana Saliba
Amanda Galvão
Andrea Costa
Arnaldo Danemberg
Bruno Sant'Anna
Cristiana Davi
Felipe Ferreira
Iraman Carlier
Mariana Pierrot
Renata Erlichman
Samantha de Barros
Yuri Marques
Luiza e Mariana Monteiro e Thalita Rebouças
Katia Bonfadini
Mônica Meireles e Ricardo Pereira
Nelson Sanches e Astrid Fontenelle
Paulo Fontenelle e Paulo Ricardo
Robson Barreto e Hélio de La Peña
Marcelo Azevedo e Jair Rodrigues e Jair Oliveira
Mariana Kaufman e Ney Latorraca
Aline Onofre
Leonardo Andrade
Fernanda Telles
Denise Carvalho
Juliana Pedroso
Eduardo Batalha
Jefferson Tong
Danielle Meres
Janaína Bello
Pedro Martins
Pedro Calazans
João Ricardo Veiga
Cynthia Howlett e Eduardo Moscovis
Regina Casé e Estevão Ciavatta
Totia Meireles e Jaime Rabacov
Sandra Annemberg, Ernesto Paglia e Elisa Annemberg Paglia
Tânia Kalil e Jair Oliveira
Narcisa Tamborindeguy e Guilherme Fiuza
Anna Barroso e Lenine
Bruna Linzmeyer e Michel Melamed
Paula Braun e Mateus Solano
Flávia Alessandra e Otaviano Costa
Flávia e Luciano Di Camargo
Tarcísio Mosci
Killiana Britto
Rafael Cavalieri
Martin Curi
Marcelle Herranz
Luciana Pinheiro
Frida Zalcman
Elizabeth Bezerra
Simone Huang
Carlos Hespagnol Valença
Cláudia Sued

gnt

Analista de Marketing
Maria Portugal

Coordenadora de Novos Negócios
Flavia Abreu

Gerente de Marketing
Mariana Novaes

Direção GNT
Daniela Mignani

Texto fixado conforme as regras do novo acordo ortográfico da Língua Portuguesa
(Decreto Legislativo nº 54, de 1995)

Editor responsável: Aida Veiga
Editor assistente: Elisa Martins
Preparação de texto: Ana Tereza Clemente
Revisão: Maria A. Medeiros e Carmen T. S. Costa
Capa, projeto gráfico e diagramação: Marcos Gomes
Fotos de capa e miolo: Adriana Lorete
Produção fotográfica: Jackeline Marini e Priscilla Laterce
Fotos de abertura: Latinstock/Radvaner/Corbis (p. 1) e Latinstock/Chassenet/Corbis (pp. 2-3)
Dicas de harmonização: Chef sommelier Alexsander de Oliveira

1ª edição, 2013
1ª reimpressão, 2013

CIP-BRASIL. CATALOGAÇÃO NA PUBLICAÇÃO
SINDICATO NACIONAL DOS EDITORES DE LIVROS, RJ

T764j

Troisgros, Claude, 1956-
Jantares do Que marravilha! / Claude Troisgros ;
[fotografias de Adriana Lorete]. - 1. ed. - São Paulo : Globo, 2013.
il.

ISBN 978-85-250-5502-6

1. Culinária. 2. Gastronomia. I. Lorete, Adriana. II. Título.

13-03536 CDD: 641.5
CDU: 641.5

Editora Globo S. A.
Av. Jaguaré, 1485 – 05346-902 – São Paulo – SP
www.globolivros.com.br

Este livro, composto na fonte Myriad Pro,
foi impresso em papel Couchê fosco 150 g, na Intergraf.
São Paulo, dezembro de 2013.